中華文化承傳

學習評估

編　　著：施仲謀　杜若鴻　鄔翠文
編　　審：杜振醉　康一橋　侯玉珍
編務統籌：方世豪

北京大學出版社

上　册

目錄

中　册

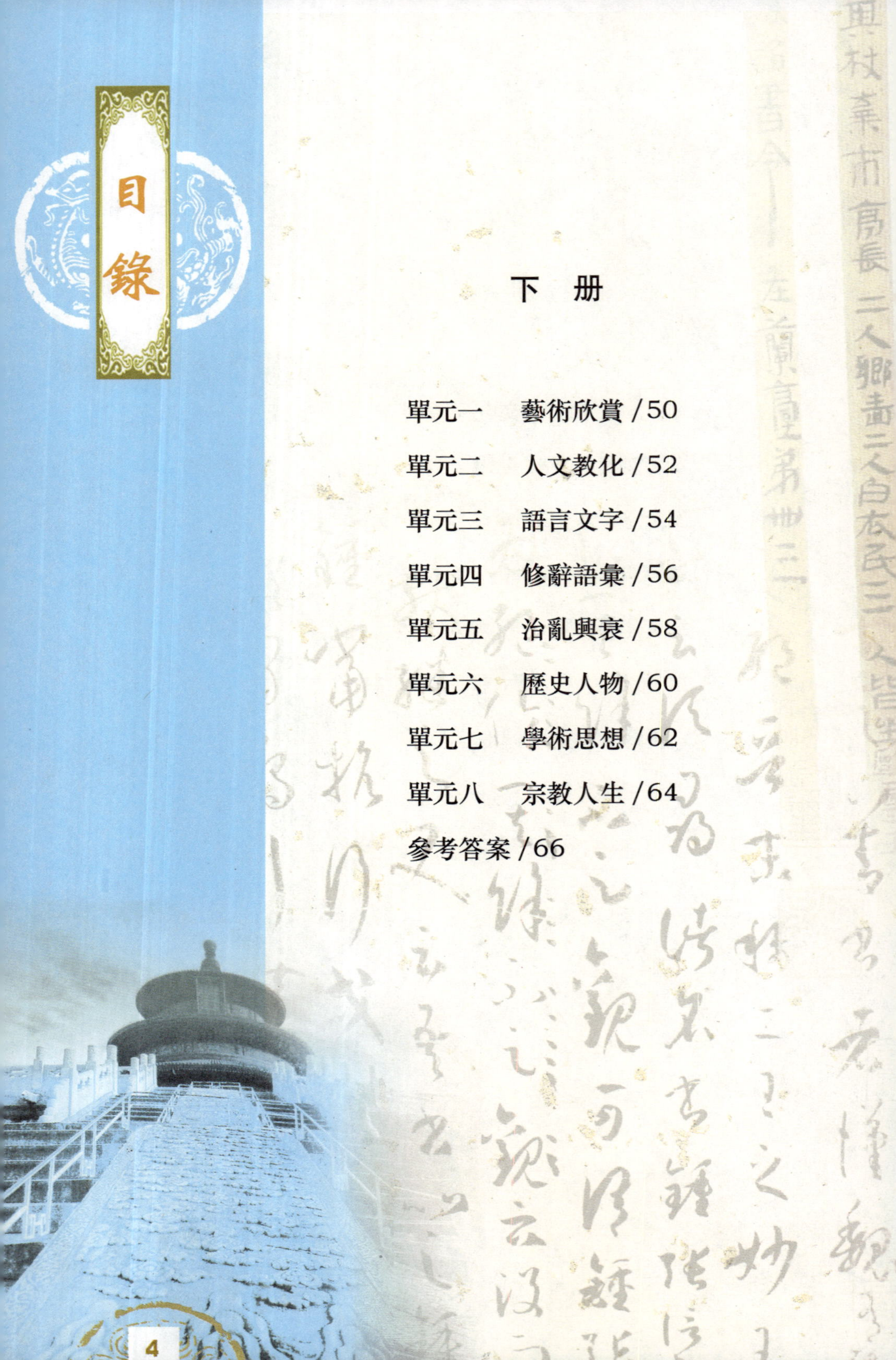

目録

下　册

中華文化承傳

學習評估

上冊

單元一　神話故事

滿分：50 分　　完成時間：30 分鐘

一、傳説遠古時，宇宙一團混沌，没有任何植物和生物，是由誰開天闢地的？(5 分)

A 盤古

B 女媧

C 后羿

D 精衛

____

二、相傳女媧用「五色石」補天，可是，女媧在飛回天上時，卻不慎將這塊五色石掉下人間。下列哪一項不是有關這塊五色石去向的傳説？(5 分)

A 五色石化作了黄山

B 這塊石子就是後來《紅樓夢》的主角賈寶玉所佩帶的「通靈寶玉」

C 五色石變成了美麗的香港島

D 五色石從此石沉大海

____

三、古代的時候，由於科學知識有限，人們相信月蝕是 ________ 的結果。(5 分)

四、傳説上古時代，天上有十個太陽，氣候炎熱，幸好神箭手 ________ 把其中九個射下來，温度才恢復正常。(5 分)

五、中國人對龍有一種特別的感情，龍是吉祥的象徵物，試寫出四個有關「龍」字的成語：(4 分)

1. ______________
2. ______________
3. ______________
4. ______________

六、精衛鳥除了有「帝女鳥」的稱呼外，還有甚麼別稱？(4 分)

1. ______________
2. ______________

七、據《西遊記》所説，玉皇大帝封孫悟空爲 ______________，派他管理蟠桃園。(5 分)

八、請選出八仙中其中四位仙人的名稱：(4 分)

大	張	江	東	去	浪	呂
千	果	死	呂	洞	賓	洞
古	老	由	鐵	拐	李	賓
人	生	何	仙	姑	無	果
竹	他	藍	采	和	邊	漢
木	林	受	天	上	如	鍾
夢	二	韓	湘	子	明	離

九、你知道傳説中誰最長壽嗎？(5 分)

十、試選擇一個你熟悉的神話故事，寫出這個神話故事帶給你的人生啓發。(8 分)

分數指標：優　秀	良　好	尚　可	仍須努力	還須加倍努力
41-50	31-40	21-30	11-20	0-10

單元二　民間傳說

滿分：50 分　完成時間：30 分鐘

一、「義薄雲天」是形容下列哪一位人物？（4 分）

A 劉備
B 關羽
C 張飛
D 趙雲

____

二、誰有中國的「海神」之稱？（4 分）

A 包公
B 白娘子
C 花木蘭
D 天后媽祖

____

三、包拯一生忠耿正直、鐵面無私，是北宋有名的清官，百姓都尊稱他爲 ________。(2 分)

四、《白蛇傳》描寫了 ________ 與 ________ 的愛情故事，故事歌頌了他們對愛情的堅貞和執著。(4 分)

五、 相傳梁山伯和祝英台死後雙雙化成 ________。（4 分）

六、「濟公」爲甚麼又有「活菩薩」之稱呢？（4 分）

七、「孟姜女哭長城」未必真有其事，但故事卻深入民心。你能指出這個故事背後的寓意嗎？(5分)

八、1.花木蘭代父從軍，是否爲了功名利祿呢？(5分)

2.從這個故事中，你得到甚麼啓示？(6分)

九、你認爲楊家將的事蹟之所以被世人廣爲傳誦，主要原因是甚麼？(6分)

十、中國的民間故事中，哪一個你最感興趣？爲甚麼？(6分)

分數指標：優　秀	良　好	尚　可	仍須努力	還須加倍努力
41-50	31-40	21-30	11-20	0-10

單元三　社會習俗

滿分：50 分　完成時間：30 分鐘

一、據二十四節氣的劃分，冬至在陽曆的哪個月份？(4 分)

A 九月

B 十月

C 十一月

D 十二月

____

二、十二生肖除了鼠、牛、虎、兔、龍、蛇、馬、羊外，還有哪四個呢？(4 分)

A 猴、雞、狗、豬

B 猴、雞、狗、貓

C 猴、狗、豬、獅

D 雞、熊、豬、貓

____

三、古人用「銅壺滴漏」儀器計時，把一夜分爲________更。(5 分)

四、古代用天干和地支紀年，方法是把天干和地支互相順序配搭，例如第一個是「甲子」，第二個是「乙丑」，第三個是「丙寅」，如此類推。一個循環是__________年。(5 分)

五、人類學家的研究認爲原始社會是屬於__________的社會，這是中國最早的姓多是「女」字旁的原因。(5 分)

六、五行是指哪五種物質？（5 分）

1. ________ 2. ________ 3. ________ 4. ________ 5. ________

七、「鞭打春牛」的習俗有甚麼意義呢？（6 分）

八、你對利用「八字」算命的方法有甚麼看法呢？（8 分）

九、有些人喜歡研究生肖與性格、運程的關係，你對此有甚麼看法？（8 分）

分數指標：優　秀	良　好	尚　可	仍須努力	還須加倍努力
41-50	31-40	21-30	11-20	0-10

單元四　傳統節日

滿分：50 分　　完成時間：30 分鐘

一、下列哪一項是祭祖掃墓的傳統節日？(5 分)

A 清明節

B 端午節

C 七夕節

D 中元節

____

二、請把下列節日與正確日期配對。(4 分)

七夕節 •	• 農曆八月十五日
中秋節 •	• 農曆九月九日
重陽節 •	• 農曆一月十五日
元宵節 •	• 農曆七月七日

三、據説春節的時候，燃燒爆竹和貼春聯的習俗是與一種叫________的動物有關的。(5 分)

四、元宵節吃湯圓有________的寓意。(5 分)

五、________又有「燈節」之稱。(5 分)

六、1. 在哪個傳統節日中，人們會舉行下圖所示的活動？（4 分）

2. 在上圖的比賽活動中，你認爲取得勝利的最重要因素是甚麼呢？(6 分)

七、唐代詩人王維在《九月九日憶山東兄弟》一詩寫道：

獨在異鄉爲異客，每逢佳節倍思親。
遥知兄弟登高處，遍插茱萸少一人。

1. 詩人在這首詩中所描寫的情境是關於哪一個節日的？(4 分)

2. 古人在這一天會有哪些節慶活動？(6 分)

(1) ____________________

(2) ____________________

(3) ____________________

八、如果要你選擇一個最富中國色彩的傳統節日，你會選擇哪一個呢？爲甚麼？(6 分)

分數指標：優 秀	良 好	尚 可	仍須努力	還須加倍努力
41-50	31-40	21-30	11-20	0-10

單元五　河山風貌

滿分：50 分　完成時間：30 分鐘

一、下列哪一座山號稱「天下第一奇山」？（4 分）

A 廬山
B 華山
C 黃山
D 武當山

____

二、下列是五岳的名稱，請作出正確的配對。（5 分）

東 岳 •　　　• 嵩 山
西 岳 •　　　• 恆 山
南 岳 •　　　• 泰 山
北 岳 •　　　• 華 山
中 岳 •　　　• 衡 山

三、________是孕育中華文明的搖籃，人們把它視爲中華民族的母親河。（4 分）

四、西湖因爲下面這首著名的詩，而有________的稱號。（4 分）

水光瀲灩晴方好，山色空濛雨亦奇。
欲把西湖比西子，淡妝濃抹總相宜。

——蘇軾《飲湖上初晴後雨》

五、黃山「四絕」中除雲海、溫泉外，還有哪二項？（4 分）

1. ________________　　2. ________________

六、請在下表中選出「西湖十景」其中五個景點的名稱。(5 分)

一	蘇	天	北	平	湖	秋	月	手
朝	土	堤	南	水	山	峰	夕	心
三	田	中	秋	屏	柳	浪	聞	鶯
潭	雙	廬	圭	曉	大	戈	晚	鐘
印	日	弓	女	和	斷	橋	殘	月
月	峰	花	港	觀	魚	雪	人	照
里	插	奇	成	明	後	下	南	石
末	覽	王	曲	院	風	荷	衡	岳

七、中國的哪個景點以「山青、水秀、洞奇、石美」四絕聞名中外？(4 分)

八、1. 下圖中三峽工程的興建和哪一條河流有關？(4 分)

2. 承上題，這條河流是目前世界的第________大河。(4 分)

九、古代的帝王舉行封禪大典有甚麼目的？(6 分)

十、中國有很多美麗的湖泊，你最喜歡哪一個呢？請説明原因。(6 分)

分數指標：優 秀	良 好	尚 可	仍須努力	還須加倍努力
41-50	31-40	21-30	11-20	0-10

單元六　名勝古蹟

滿分：50 分　完成時間：30 分鐘

一、下列何者有「天下第一關」之稱呢？（4 分）

A 潼關
B 嘉峪關
C 山海關
D 居庸關

____

二、下列哪一處名勝被譽爲「世界第八大奇蹟」？（4 分）

A 長城
B 兵馬俑
C 紫禁城
D 九寨溝

____

三、下列四項有關紫禁城的敘述，哪一項是不對的？（4 分）

A 位於北京市
B 唐宋兩代的皇宮
C 世界六大宮殿中建築面積第一
D 目前保存最完整的古代皇宮建築群

____

四、下列三個地方在古今有不同的名稱，請加以配對。（6 分）

南京 •	• 東京
西安 •	• 長安
開封 •	• 金陵

五、請寫出圖中建築物的名稱。(5 分)

____

六、下列所寫的是哪個地方的八大景觀？(5 分)

龍門山色，馬寺鐘聲。
金谷春晴，洛浦秋風。
天津曉月，銅駝暮雨。
平泉朝游，邙山晚眺。

七、你對古代的皇帝大肆修建陵墓有何看法呢？(6 分)

八、你認爲興建長城是不是利多於弊呢？(8 分)

九、試寫出一處你最喜愛的名勝古蹟，並説明它吸引人的原因。(8 分)

分數指標：優　秀	良　好	尚　可	仍須努力	還須加倍努力
41-50	31-40	21-30	11-20	0-10

單元七　禮儀情操

滿分：50 分　完成時間：30 分鐘

一、請順序排出婚姻禮儀中「六禮」的次序：(5 分)

A 請期　B 納徵　C 納吉　D 親迎　E 納采　F 問名

_____ → _____ → C → _____ → _____ → _____

二、下列尊稱所指的是對方的甚麼親人？請加以配對。(4 分)

令尊・	・女兒
令正・	・兒子
令郎・	・妻子
令愛・	・父親

三、下列三項是見面禮節的描述，請加以配對。(6 分)

兩手在胸前拱合，頭向前俯，略彎腰。・	・揖禮
雙手合抱向下按，上身略向前屈，低下頭。・	・拱手
雙手抱拳舉到胸前，身體直立而不前俯。・	・拜禮

四、寫出下列各項的謙稱語。(5 分)

1. 自稱：______________________
2. 稱自己的著作：______________
3. 稱自己的觀點：______________
4. 稱自己的兒子：______________
5. 稱自己的父親：______________

五、作爲學生，我們可以怎樣向老師表達敬意呢？（6 分）

六、如果在公共場所與別人發生摩擦，你會如何處理呢？（6 分）

七、下列是對個人儀表和舉止的要求，試談談你的看法。（6 分）

面必净，髮必理，衣必整，紐必結。
頭容正，肩容平，胸容寬，背容直。

八、你認爲謙稱和尊稱在現代社會是否仍然適用？（6 分）

九、和人交談時，你認爲應該有怎樣的表現才算合乎禮儀呢？（6 分）

分數指標：優　秀	良　好	尚　可	仍須努力	還須加倍努力
41-50	31-40	21-30	11-20	0-10

單元八　工藝服飾

滿分：50 分　完成時間：30 分鐘

一、下面這一幅雙面繡「貓」，是哪一種刺繡的代表作品？(4 分)

A 蘇繡
B 湘繡
C 粵繡
D 蜀繡

____

二、景德鎮是中國出產瓷器的基地，被譽爲「瓷都」。景德鎮的瓷器代表中國瓷器的最高造詣，其特色如何？(4 分)

(1) 白如玉　　(3) 薄如紙
(2) 明如鏡　　(4) 聲如磬

A (1) (2)
B (3) (4)
C (1) (2) (3)
D (1) (2) (3) (4)

____

三、人們往往賦予剪紙藝術的圖案一種吉祥的意思，看看下列分別有何寓意？(5 分)

牡丹 •	• 吉祥
龍鳳 •	•「官上加官」
石榴 •	• 富貴
公雞配冠 •	• 多子多福
百合荷花 •	• 和合如意

四、「中山裝」服飾名稱的由來，是人民爲了紀念______而命名的。(5分)

五、儒家重視「穿著之道」，認爲穿著除了蔽體外，主要在於對他人表示______。(5分)

六、中國江蘇省的宜興縣，有______之稱，盛產陶器，人稱「五朵金花」的紫砂、青陶、均陶、彩陶和精陶，享譽海內外，其中，「紫砂茶壺」更被稱爲泡茶妙器。(5分)

七、中國有句古話：「玉不琢，不成器。」這句話說明了做人的甚麼道理？(5分)

八、印刻的內容和形式多種多樣，其中最珍貴的要數歷代皇帝專用的「傳國玉璽」了，它有甚麼象徵意義？(5分)

九、右面是一幅「以針作畫」的刺繡藝術作品，試寫出這幅作品的特色。(6分)

十、中國的工藝製品中，你最喜歡哪一種？爲甚麼？(6分)

分數指標：優　秀	良　好	尚　可	仍須努力	還須加倍努力
41-50	31-40	21-30	11-20	0-10

參考答案

單元一　神話故事

一、A

二、D

三、天狗吃月

四、后羿

五、1. 龍馬精神

　　2. 生龍活虎

　　3. 龍飛鳳舞

　　4. 望子成龍

六、1. 誓鳥

　　2. 志鳥

七、齊天大聖

八、

大	張	江	東	去	浪	呂
千	果	死	呂	洞	賓	洞
古	老	由	鐵	拐	李	賓
人	生	何	仙	姑	無	果
竹	他	藍	采	和	邊	漢
木	林	受	天	上	如	鍾
夢	二	韓	湘	子	明	離

九、彭祖

十、自由作答，言之成理即可。

單元二　民間傳說

一、 B

二、 D

三、 包青天

四、白娘子／許仙
五、蝴蝶
六、因爲他扶助弱小，樂善好施，深受百姓的愛戴，所以百姓尊稱他爲「活菩薩」。
七、故事意在控訴秦始皇的暴政。
八、1. 木蘭代父從軍，不是爲了功名利祿，而是不願年邁的父親經受征戰之苦。
2. 孝順父母
九、一門忠烈，忠君愛國。
十、自由作答，言之成理即可。

單元三　社會習俗

一、D
二、A
三、五
四、6 0
五、母系
六、1、金　2、木　3、水　4、火　5、土
七、象徵一年農耕的開始
八、命運之說只可作爲一種消遣，不可當真。

單元四　傳統節日

一、A
二、七夕節 • • 農曆八月十五日
中秋節 • • 農曆九月初九
重陽節 • • 農曆一月十五日
元宵節 • • 農曆七月七日
三、獸
四、團圓
五、元宵節

六、1.端午節

2.團結／齊心合力

七、1.重陽節

2.(1)登高

(2)賞菊

(3)喝菊花酒

八、自由作答，言之成理即可。

單元五　河山風貌

一、C

二、

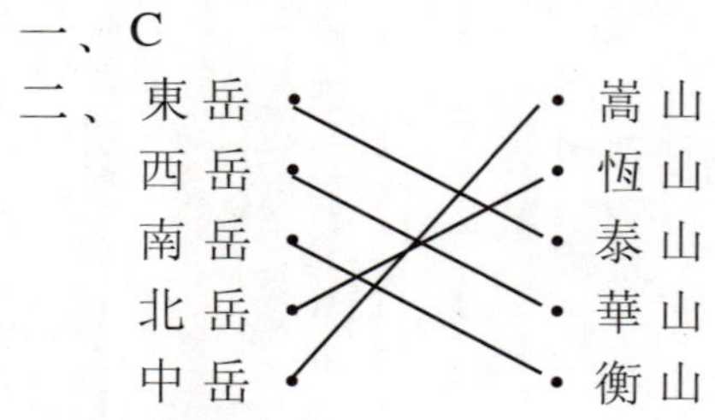

三、黃河

四、西子湖

五、1.奇松

2.怪石

六、

一	蘇	天	北	平	湖	秋	月	手
朝	土	堤	南	水	山	峰	夕	心
三	田	中	秋	屏	柳	浪	聞	鶯
潭	雙	廬	圭	曉	大	戈	晚	鐘
印	日	弓	女	和	斷	橋	殘	月
月	峰	花	港	觀	魚	雪	人	照
里	插	奇	成	明	後	下	南	石
末	覽	王	曲	院	風	荷	衡	岳

七、桂林山水

八、1.長江

2. 三

九、1.顯示治國的功績。

2.祈求國泰民安，風調雨順。

十、自由作答，言之成理即可。

單元六　名勝古蹟

一、C

二、B

三、B

四、南京 ·　· 東京

西安 ·　· 長安

開封 ·　· 金陵

五、岳陽樓

六、洛陽

七、耗費人力物力，勞民傷財。

八、自由作答，言之成理即可。

九、自由作答，言之成理即可。

單元七　禮儀情操

一、E → F → C → B → A → D

二、

令尊 ·　· 女兒

令正 ·　· 兒子

令郎 ·　· 妻子

令嬡 ·　· 父親

三、兩手在胸前拱合，頭向前俯，略彎腰。

雙手合抱向下按，上身略向前屈，低下頭。

雙手抱拳舉到胸前，身體直立而不前俯。

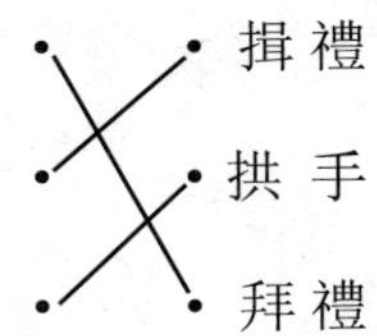

四、1.鄙人／小生／在下／晚生

2.拙著／拙文／敝作／拙稿

3.愚見／愚意

5.愚兒／頑子／犬子／犬兒

6.家父

五、自由作答，言之成理即可。

六、自由作答，言之成理即可。

七、自由作答，言之成理即可。

八、自由作答，言之成理即可。

九、自由作答，言之成理即可。

單元八　工藝服飾

一、A

二、D

三、

牡丹	富貴
龍鳳	吉祥
石榴	多子多福
公雞配冠	「官上加官」
百合荷花	和合如意

四、孫中山

五、尊重

六、陶都

七、說明了人需要經過磨練才能成材

八、象徵最高權力

九、針畫結合，繡得栩栩如生，墨韻淋漓盡致。

十、自由作答，言之成理即可。

中華文化承傳

學習評估

中冊

單元一　飲食文化

滿分：50 分　　完成時間：30 分鐘

一、中國有「八大菜系」，除了山東、四川、江蘇、浙江、安徽、湖南，還有哪兩個地區？（4 分）

A 福建、廣東　　B 福建、河南
C 山西、廣東　　D 山西、河南

____

二、下列哪一種酒有「國酒」的美譽？（4 分）

A 茅台酒　　B 紹興酒
C 女兒紅　　D 汾酒

____

三、下列兩種名菜分別是屬於哪些地方的菜餚？（4 分）

麻婆豆腐：________　　盤菜：________

四、在古代中國，________有「酒聖」的稱號？（5 分）

五、中國人對食療很重視。所謂「食療」，是指以食物醫治或預防疾病。據說________憑著食療除疾而成爲商湯的輔政大臣，傳爲佳話，爲他贏得了「食療鼻祖」的稱譽。（5 分）

六、盤菜是傳統美食，已有數百年歷史，具有獨特的文化意義。它的產生和傳承，體現了人與人之間________的精神。（5 分）

七、世界上的第一部茶書名爲________，問世以來，廣爲傳播。作者是________，人們譽爲「茶聖」。（6 分）

八、看一看，你能不能猜對下面的謎語：

姐妹兩人一樣長，廚房進出常成雙。
甜酸苦辣千般味，總讓她們先來嚐。

猜一種飲食器具。（5 分）

謎底：________________

九、試從下表中選出六種中國名茶：（6 分）

西	西	周	普	洱	茶	取
手	湖	鸛	雨	曉	明	刻
碧	龍	效	黃	山	毛	峰
螺	井	霹	四	若	大	求
春	仇	鐵	觀	音	紅	劍
台	風	飛	天	李	袍	練
天	龍	點	晴	白	偏	經

十、「共享一席」表現了中國飲食文化的甚麼特色？（6 分）

分數指標：優　秀	良　好	尚　可	仍須努力	還須加倍努力
41-50	31-40	21-30	11-20	0-10

單元二　康樂文娛

滿分：50 分　　　　　完成時間：30 分鐘

一、下列何人有圍棋「棋聖」之稱？（4 分）

A 王積薪
B 劉仲甫
C 黃龍士
D 聶衛平

____

二、下列哪一項不是影戲的類別？（4 分）

A 手影戲
B 紙影戲
C 皮影戲
D 幻影戲

____

三、「道」是哪種棋藝活動的術語？（4 分）

A 軍棋
B 圍棋
C 中國象棋
D 國際象棋

____

四、下列四項是京劇表演的術語，請加以正確配對。（4 分）

唱 ·　　　· 京劇的表演
念 ·　　　· 京劇的唱腔
做 ·　　　· 武打的動作
打 ·　　　· 京劇的唸白

五、《十五貫》被譽爲「一部戲救活一個劇種」，這個劇種是指__________。(4 分)

六、請在下表中選出六位粵劇名伶的名字：(6 分)

一	蘇	天	北	薛	覺	先	梅	手
朝	土	堤	南	水	山	峰	夕	心
馬	田	中	秋	屏	任	劍	輝	蘭
師	雙	廬	圭	曉	大	戈	晚	選
曾	日	弓	女	和	斷	橋	殘	月
紅	線	女	鑫	培	鳳	凰	女	擇
里	插	奇	宗	明	恐	天	南	石
末	覽	王	泰	白	雪	仙	衡	岳

七、「八和會館」是屬於甚麼組織？(4 分)

八、選擇一種文娛活動，並說明你喜愛的原因。(6 分)

九、你認爲參賽者怎樣才可稱得上具有運動家的風度呢？(6 分)

十、請談談你對「學習和遊戲」的看法？(8 分)

分數指標：優　秀	良　好	尚　可	仍須努力	還須加倍努力
41-50	31-40	21-30	11-20	0-10

單元三　文學作家

滿分：50 分　　　　完成時間：30 分鐘

一、傳說下列哪位詩人曾借酒裝瘋，叫高力士為他脫靴？（4 分）

A 李白
B 白居易
C 柳宗元
D 李商隱

____

二、下列哪一首詩歌不是白居易所創作的？（4 分）

A 《長恨歌》
B 《琵琶行》
C 《草》
D 《靜夜思》

____

三、李煜是著名的詞人，他的詞流傳下來的只有三四十首，數量雖少，但文學成就甚高。他本來的身份是：（4 分）

A 農夫　　　　C 將軍
B 商人　　　　D 君主

____

四、下列是著名的文學家和稱號，請加以正確配對。（4 分）

李白 •　　　　• 詞聖
杜甫 •　　　　• 詩仙
李煜 •　　　　• 詩聖
韓愈 •　　　　• 一代文宗

五、__________晚年退休後自號「六一居士」，「六一」是指：藏書一萬卷，金石遺文一千卷，琴一張，棋一局，酒一壺和老翁一個 。(5分)

六、下面這首著名詩歌的作者是誰？(5分)

煮豆持作羹，漉菽以爲汁。
其在釜下燃，豆在釜中泣。
本是同根生，相煎何太急？

——《七步詩》

七、在中國文學史上，哪一位文學家有「隱逸詩人」之稱？(5分)

八、下面名句的作者是誰？(5分)

安得廣厦千萬間，大庇天下寒士俱歡顏，風雨不動安如山！嗚呼！何時眼前突兀見此屋？吾廬獨破受凍死亦足！

——《茅屋爲秋風所破歌》

九、古文運動中，有所謂「唐宋八大家」，是指唐宋最著名的散文家，除了柳宗元、蘇洵、蘇軾、蘇轍、王安石和曾鞏之外，還有哪兩位？(6分)

十、辛棄疾不單是一個文學家，還是一個抗金的名將。他的生平事蹟給你甚麽啓發呢？你認爲青少年可以怎樣實踐愛國呢？(8分)

分數指標：優　秀	良　好	尚　可	仍須努力	還須加倍努力
41-50	31-40	21-30	11-20	0-10

單元四　名篇佳作

滿分：50 分　　　　　完成時間：30 分鐘

一、下列哪一本書不在中國古代四大名著之列？（4 分）

A 《七俠五義》
B 《水滸傳》
C 《三國演義》
D 《紅樓夢》

____

二、《西遊記》敘述唐僧四師徒一路上遇到大大小小的阻難共有多少起？（5 分）

A 51 起
B 61 起
C 71 起
D 81 起

____

三、著名元雜劇《竇娥冤》的作者是__________。（4 分）

四、請在下表中選出金庸四部武俠小說作品的名稱。（4 分）

飛	狐	外	傳	人	鹿	鼎	記
雪	一	狐	飛	山	出	去	倚
天	射	鵰	英	雄	傳	俠	天
地	日	月	我	刀	神	鹿	屠
笑	田	天	龍	八	部	白	龍
傲	二	五	天	卜	戈	射	記
江	三	神	鵰	俠	侶	山	錄
湖	四	水	手	田	野	日	血

五、1.你知道中國古代最長的抒情詩是哪一首嗎?(4 分)

2.《離騷》是屈原用滿腔報國熱情寫成的動人詩篇。他這樣抒寫自己對崇高理想的熱烈追求:

路漫漫其修遠兮,吾將上下而求索。

這句話帶給你甚麼啓發?(4 分)

六、1.《水滸傳》共刻畫了__________(2 分)位英雄的事蹟,其中__________(2 分)有「及時雨」的外號。

2.梁山泊好漢,每人都身懷絕技,為著一個「義」字,「八方共域,異姓一家」,南北東西雖各別,卻肝膽相照。這種重「義」的精神帶給你甚麼啓示?(5 分)

七、1.你知道圖中的人物是誰嗎?(4 分)

2.《阿 Q 正傳》中的阿 Q 喜歡採用「精神勝利法」,你對這種態度有甚麼看法?(6 分)

八、你認爲怎樣的文學作品才能稱得上名著呢?(6 分)

分數指標:優　秀	良　好	尚　可	仍須努力	還須加倍努力
41-50	31-40	21-30	11-20	0-10

單元五　倫理道德

滿分：50 分　　　　完成時間：30 分鐘

一、下列五項中，哪一項不是儒家所說的四端之一？（5 分）

A 仁
B 義
C 信
D 禮
E 智

____

二、「五倫」除了君臣、父子外，還指哪三種倫理關係？（5 分）

A 兄弟、夫婦、朋友
B 母子、夫婦、朋友
C 朋友、叔侄、兄弟
D 夫婦、母子、叔侄

____

三、儒家認爲孝順父母除了用行動外，更重要的還在於有一顆________的心。(5 分)

四、我們可以怎樣表現愛國的情操呢？（6 分）

五、你認爲國家的安定和五倫有甚麽關係呢？（6 分）

單元五 倫理道德

六、你怎樣理解下列這句話的意思？（6 分）

老吾老以及人之老，幼吾幼以及人之幼。

七、面對「利益」和「正義」出現衝突的時候，你會如何作出抉擇？（8 分）

八、在日常生活中，我們可以怎樣表示對父母的孝心呢？（9 分）

分數指標：優　秀	良　好	尚　可	仍須努力	還須加倍努力
41-50	31-40	21-30	11-20	0-10

單元六　經濟貿易

滿分：50 分　　　　完成時間：30 分鐘

一、下列五項中，哪一項不屬於古代「四民」之列？（5 分）

A 士　　B 農　　C 兵　　D 工　　E 商

____

二、「食餚之將」是指哪一種生活必需品？（5 分）

A 鹽　　B 鐵　　C 茶　　D 酒　　E 醋

____

三、根據提示，在橫線上填上答案。（8 分）

布幣　　刀幣　　蟻鼻錢　　圜幣

1.________　　2.________

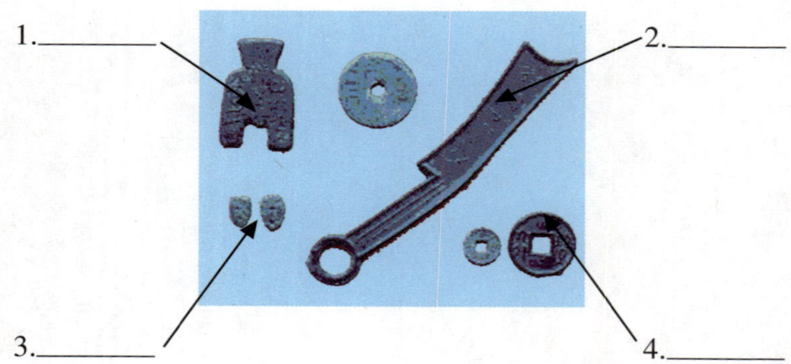

3.________　　4.________

四、元代時，________和歐洲的亞歷山大港，被譽爲世界的兩大港口。（5 分）

五、中國的哪一個港口有「羊城」的別稱呢？（5 分）

六、下圖中的船隻具有多層建築和攻防設備，有甚麼特別的名稱？（5 分）

七、中國古代政府對商業和農業採取甚麼政策？（5 分）

八、請寫出統一貨幣的兩個好處。（6 分）

九、你認爲當代中國怎樣才可以促進經濟的發展呢？（6 分）

分數指標：優　秀	良　好	尚　可	仍須努力	還須加倍努力
41-50	31-40	21-30	11-20	0-10

單元七　交通傳訊

滿分：50 分　　　　完成時間：30 分鐘

一、據記載，鄭和共出使西洋多少次？(4 分)

A 一次
B 三次
C 五次
D 七次

______

二、「投筆從戎」是指下列哪位人物？(4 分)

A 張騫
B 班超
C 法顯
D 鄭和

______

三、《大唐西域記》是記載______西行取經見聞的文獻。(5 分)

四、《佛國記》的作者是誰？(5 分)

五、古代的烽火台是用於哪方面的通訊的？(5 分)

六、右圖中所描繪的是哪位人物出使西域的情形？(5 分)

七、請寫出圖中人物的名稱。(5分)

八、圖中所示的是甚麽通訊方法?(5分)

九、請寫出開發大運河的兩項貢獻。(6分)

十、你認爲交通傳訊和國家的發展有甚麽關係?(6分)

分數指標: 優　秀	良　好	尚　可	仍須努力	還須加倍努力
41–50	31–40	21–30	11–20	0–10

單元八　科學技術

滿分：50 分　　　　　完成時間：30 分鐘

一、在中國的醫學史上，誰有「外科始祖」的稱譽？（5 分）

A 華佗
B 劉徽
C 扁鵲
D 祖沖之

____

二、下列是古代傑出人物的姓名和他們的著作，請加以正確配對。(6 分)

沈　括・	・《授時曆》
李時珍・	・《夢溪筆談》
郭守敬・	・《本草綱目》

三、古代觀察天象的渾天儀是由誰發明的？（5 分）

四、中國古代的四大發明是指哪四項？（6 分）

五、1. 下圖所示的是甚麼科學儀器？（4 分）

2. 承上題，這種儀器有甚麼用途？（4 分）

六、你認為怎樣才能成為一位出色的科學家？(6 分)

七、中國的四大發明對人類文明發展有甚麼貢獻？(6 分)

八、請談談你對中國科學未來發展的看法？(8 分)

分數指標：優　秀	良 好	尚 可	仍須努力	還須加倍努力
41-50	31-40	21-30	11-20	0-10

參考答案

單元一　飲食文化

一、A
二、A
三、四川／香港新界
四、杜康
五、伊尹
六、和睦／平等
七、《茶經》／陸羽
八、筷子
九、

西	西	周	普	洱	茶	取
手	湖	鸜	雨	曉	明	刻
碧	龍	效	黃	山	毛	峰
螺	井	霹	四	若	大	求
春	仇	鐵	觀	音	紅	劍
台	風	飛	天	李	袍	練
天	龍	點	睛	白	偏	經

十、表現了和睦、團圓的文化氛圍。

單元二　康樂文娛

一、D
二、D
三、B
四、

唱 —— 京劇的唱腔
念 —— 京劇的唸白
做 —— 京劇的表演
打 —— 武打的動作

五、崑劇

六、

一	蘇	天	北	薛	覺	先	梅	手
朝	土	堤	南	水	山	峰	夕	心
馬	田	中	秋	屏	任	劍	輝	蘭
師	雙	廬	圭	曉	大	戈	晚	選
曾	日	弓	女	和	斷	橋	殘	月
紅	線	女	鑫	培	鳳	凰	女	擇
里	插	奇	宗	明	恐	天	南	石
末	覽	王	泰	白	雪	仙	衡	岳

七、粵劇藝人的行會組織

八、自由作答，言之成理即可。

九、自由作答，言之成理即可。

十、自由作答，言之成理即可。

單元三：文學作家

一、A

二、D

三、D

四、

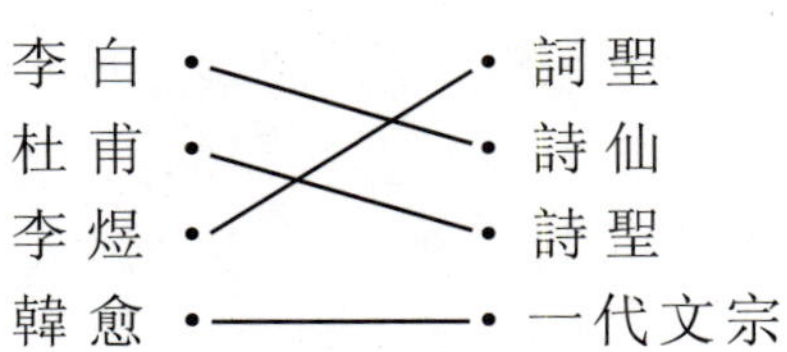

五、歐陽修

六、曹植

七、陶淵明

八、杜甫

九、1.韓愈

2.歐陽修

十、自由作答，言之成理即可。

單元四　名篇佳作

一、A

二、D

三、關漢卿

四、

飛	狐	外	傳	人	鹿	鼎	記
雪	一	狐	飛	山	出	去	倚
天	射	鵰	英	雄	傳	俠	天
地	日	月	我	刀	神	鹿	屠
笑	田	天	龍	八	部	白	龍
傲	二	五	天	卜	戈	射	記
江	三	神	鵰	俠	侶	山	錄
湖	四	水	手	田	野	日	血

五、1.《離騷》

2.在追求理想的過程中即使遇到困難，也要積極面對，矢志不渝。

六、1.108/ 宋江

2.梁山英雄的事蹟令人想起「救急扶危」的人性光輝。

七、1.魯迅

2.這種人不求進步，生活態度不可取。

八、可從作品的內容、文字和風格提出自己的看法。

單元五　倫理道德

一、C

二、A

三、真誠

四、不搞破壞，不搞分裂，團結一致。

五、只要人人各盡本分和責任，國家就會安定。

六、尊敬和愛護與自己有血緣關係的長輩和小孩，推己及人，也進而尊敬和愛護和自己沒有血緣關係的人。

七、自由作答，言之成理即可。

八、自由作答，言之成理即可。

單元六　經濟貿易

一、D
二、A
三、1.布幣　2.刀幣　3.蟻鼻錢　4.圜幣
四、泉州
五、廣州
六、樓船
七、重農抑商
八、1.方便貿易
　　2.有利國家安定
九、自由作答，言之成理即可。

單元七　交通傳訊

一、D
二、B
三、玄奘
四、法顯
五、軍事
六、張騫
七、馬可・波羅
八、飛鴿傳書
九、1.促進商貿發展
　　2.加強南北漕運
十、自由作答，言之成理即可。

單元八　科學技術

一、A

二、

沈　括 •	•《授時曆》
李時珍 •	•《夢溪筆談》
郭守敬 •	•《本草綱目》

三、張衡

四、1.紙　2.印刷術　3.指南針　4.火藥

五、1.地動儀　2.測試地震

六、自由作答，言之成理即可。

七、自由作答，言之成理即可。

八、自由作答，言之成理即可。

中華文化承傳

學習評估

下冊

單元一　藝術欣賞

滿分：50 分　　　完成時間：30 分鐘

一、下列哪位畫家有「人民藝術家」的稱譽？（4 分）

A 張大千
B 徐悲鴻
C 鄭板橋
D 齊白石

____

二、「中國小提琴」是指哪一種樂器呢？（4 分）

A 琵琶
B 笛子
C 二胡
D 古箏

____

三、下列哪個石窟有「世界最大的畫廊」之稱？（4 分）

A 敦煌莫高窟
B 雲岡石窟
C 龍門石窟
D 麥積山石窟

____

四、王羲之的《蘭亭序》恣意揮灑，一氣呵成，後世譽為＿＿＿＿＿＿＿。（5 分）

五、你知道「文房四寶」是指哪四種文具嗎？（4 分）

六、造園藝術家運用巧妙的建築設計，從園內探見塔的情景，風景似在園內，實在園外，這是運用了________的手法。(5 分)

七、隨著科技的進步和普及，許多現代人都會運用電腦輸入文字。你認爲中國書法會因此被淘汰嗎？(6 分)

八、試用簡潔的文字描繪下列圖畫的情景：(6 分)

九、《高山流水》是中國著名的音樂故事，你從這個故事得到甚麼啓發呢？(6 分)

十、中國的藝術門類中，你最欣賞哪一種？爲甚麼？(6 分)

分數指標：優　秀	良　好	尚　可	仍須努力	還須加倍努力
41-50	31-40	21-30	11-20	0-10

單元二　人文教化

滿分：50 分　　　　完成時間：30 分鐘

一、宋代四大書院中，除了嶽麓書院、應天書院和嵩陽書院外，還有哪一所？（4 分）

A 東林書院
B 石鼓書院
C 茅山書院
D 白鹿洞書院

____

二、明清科舉考試程序嚴謹，考生必須經過四級遞考，請根據提示，排列出考試順序。（4 分）

A 鄉試
B 會試
C 殿試
D 童試

______ → ______ → ______ → ______

三、北京大學的前身稱爲______________。（4 分）

四、九品中正制把人才劃分爲哪九等？（9 分）

上品：______________
中品：______________
下品：______________

五、請指出孔子的兩項教學方法。(6分)

六、1.下圖中的人物叫甚麼名字?(4分)

2.他擔任北京大學校長時,提出甚麼辦學的方針?(5分)

七、孔子認爲:「三人行,必有我師。」你從他的這種爲學態度得到甚麼啓發呢?(6分)

八、你怎樣理解「風聲雨聲讀書聲聲聲入耳,家事國事天下事事事關心」這對名聯呢?(8分)

分數指標:優　秀	良　好	尚　可	仍須努力	還須加倍努力
41-50	31-40	21-30	11-20	0-10

單元三　語言文字

滿分：50 分　　　　完成時間：30 分鐘

一、「六書」中哪兩種不是漢字的造字法？（5 分）

(1) 象形　(2)指事　(3)會意　(4)形聲　(5)轉注　(6)假借

A (1) (2)
B (3) (4)
C (4) (5)
D (5) (6)

____

二、下列是外來詞及其原義，請加以正確配對。（4 分）

德律風・　　・民主
麥克風・　　・科學
德先生・　　・電話
賽因斯・　　・擴音器

三、下列文字，由左至右（1~5）分別屬於甚麼字體？請選擇適當的答案填在橫線上。（5 分）

金石文　甲骨文　草書　篆書　楷書

1. ________　2. ________　3. ________　4. ________　5. ________

四、圖中的人物是新文化運動的領袖之一，請問他叫甚麼名字？（5分）

____

五、你認爲漢字是倉頡一個人發明的嗎？（6分）

六、使用簡化字有何優點和缺點？（8分）

優點：

缺點：

七、有人說文言文用詞深奧，又多典故和對仗，對閱讀造成很大障礙。你同意上述的說法嗎？試說說你的意見。

八、試談談學習普通話的好處。（9分）

分數指標：優　秀	良　好	尚　可	仍須努力	還須加倍努力
41-50	31-40	21-30	11-20	0-10

單元四　修辭語彙

滿分：50 分　　　　完成時間：30 分鐘

一、下列四項歇後語中，其中一項是不正確的，請選出來，把答案填在橫線上。(4 分)

A 和尚打傘——無法無天
B 螳臂擋車——死要面子
C 泥菩薩過江——自身難保
D 猪八戒照鏡子——裏外不是人

______

二、細閱下列四個句子，加以正確配對。(8 分)

燉冬菇　•　　•聯語
黃鼠狼給雞拜年　•　　•歇後語
天增歲月人增壽，春滿乾坤福滿堂　•　　•雙關語
東邊日出西邊雨，道是無晴(情)還有晴(情)•　　•俗語

三、請在下表中選出六個成語。(6 分)

東	木	射	尾	大	不	掉
手	施	鸖	雨	曉	明	刻
日	海	效	諾	芳	卧	舟
倩	情	霹	颦	若	薪	求
同	仇	敵	愾	甫	嚐	劍
台	風	飛	天	李	膽	練
畫	龍	點	睛	白	偏	編

四、猜一猜：「卧也坐，行也坐，立也坐，坐也坐」是指甚麼動物？（5分）

謎底：＿＿＿＿＿＿＿

五、成語的來源除了俗語和詩文外，還有哪兩方面？（4分）

六、試解釋下列俗語有甚麼涵義？（9分）

1.未學行先學走

2.人怕出名豬怕壯

3.死牛一邊頸

七、你認爲寫文章時運用典故有甚麼優點和缺點呢？（6分）

優點：

缺點：

八、對於「與朋友交，言而有信」這句格言，你有甚麼看法？（8分）

分數指標：優　秀	良　好	尚　可	仍須努力	還須加倍努力
41-50	31-40	21-30	11-20	0-10

單元五　治亂興衰

滿分：50 分　　　　完成時間：30 分鐘

一、 中國是一個多民族的國家，全國一共有多少個民族呢？(4 分)

A 36 個
B 46 個
C 56 個
D 66 個

____

二、 誰有「人文始祖」之稱？(4 分)

A 玉帝
B 黃帝
C 漢武帝
D 唐太宗

____

三、 中國歷史上第一個朝代是________朝，其後共經歷了商、周(春秋戰國)、________、漢、三國、晉、南北朝、隋、唐、五代、________、元、明、清各朝代。(6 分)

四、 把下列六項加以正確分類。(6 分)

漢高祖　周幽王　唐高祖　漢武帝　貞觀　建隆

廟號　__________　__________
謚號　__________　__________
年號　__________　__________

五、中國共有23個省，請在下表中選出其中5個。(5分)

河	南	青	火	土	巾	英	江
國	轡	朗	相	手	王	姿	蘇
三	浙	江	八	當	小	雄	七
流	行	白	李	石	安	湖	志
風	地	光	福	杜	黃	畾	得
古	上	前	建	中	路	廿	人
千	大	明	十	廣	東	九	長
東	江	月	河	川	息	境	江

六、你認爲學習歷史，對人生有甚麼裨益？(5分)

七、對於不同的民族，我們應該怎樣和他們相處？(5分)

八、大禹爲了解決水患，三過家門而不入。他的這種精神給你甚麼啓示呢？(5分)

九、你認爲儒家所提倡的仁政對當前政府施政有甚麼借鑑意義？(5分)

十、你對「法治比人治更可取」有甚麼看法？(5分)

分數指標：優　秀	良　好	尚　可	仍須努力	還須加倍努力
41-50	31-40	21-30	11-20	0-10

單元六　歷史人物

滿分：50 分　　　　完成時間：30 分鐘

一、下列哪一位君主確立了中央集權制？(4 分)

A 秦始皇　　　　B 唐太宗
C 漢武帝　　　　D 康熙帝

____

二、下列哪一位君主是中國歷史上在位時間最長的皇帝？(4 分)

A 秦始皇　　　　B 唐太宗
C 漢武帝　　　　D 康熙帝

____

三、古代的五經除了《詩》、《書》外，其他三部是：(6 分)

(1)《禮》　(2)《易》　(3)《春秋》　(4)《孝經》

A (1) (2)　　　　B (3) (4)
C (1) (2) (3)　　　　D (1) (2) (3) (4)

____

四、「罷黜百家，獨尊儒術」的政策是由________開始推行的。(4 分)

五、

諸葛大名垂宇宙，宗臣遺像肅清高。
三分割據紆籌策，萬古雲霄一羽毛。
伯仲之間見伊呂，指揮若定失蕭曹。
運移漢祚終難復，志決身殲軍務勞。

在杜甫這首詩作中，讚頌的人物是__________。(4 分)

六、下圖中的人物以敢言直諫著稱，請寫出他的名字。(5 分)

____

七、下圖中的人物以「忠義」著稱，請寫出他的名字。(5 分)

____

八、范仲淹「先天下之憂而憂，後天下之樂而樂」的精神給你甚麼啓發呢？(6 分)

九、對於岳飛的「忠君」，有人極力推崇，有人評爲「愚忠」，你有甚麼看法呢？(6 分)

十、對於秦始皇的功過，你有甚麼評價呢？(6 分)

分數指標：優 秀	良 好	尚 可	仍須努力	還須加倍努力
41-50	31-40	21-30	11-20	0-10

單元七　學術思想

滿分：50 分　　　　完成時間：30 分鐘

一、韓非子是哪一個學派的代表人物？(4 分)

A 儒
B 道
C 墨
D 法

____

二、下列哪幾個人是新文化運動中的代表人物？(4 分)

(1) 陳獨秀　　(2) 胡適
(3) 蔡元培　　(4) 梁啓超

A (1) (2)
B (3) (4)
C (1) (2) (3)
D (1) (2) (3) (4)

____

三、下列哪一家不是「十家」之一呢？(4 分)

A 名家
B 雜家
C 陰陽家
D 科學家

____

四、「鵝湖之會」是指哪兩位思想家的學術爭辯？請把他們的名字選出來。(5 分)

陸九淵　　程顥　　程頤　　邵雍　　周敦頤　　朱熹

五、________學說影響中國文化最深遠，記載孔子言行的________被後世奉爲經典。(5 分)

六、請在下表中選出墨子十大主張的其中五項。(5 分)

尚	賢	床	前	尚	同	明	月
倩	是	何	物	人	生	何	時
分	節	用	日	子	一	明	鬼
天	生	我	節	葬	才	必	有
天	志	神	仙	誰	非	樂	又
空	有	美	國	破	山	河	在
門	里	家	非	命	思	念	明
非	攻	的	想	像	兼	愛	鏡

七、請寫出下圖中人物的名字。(5 分)

____

八、墨子主張「兼愛」，你認爲在現實社會切實可行嗎？(6 分)

九、你贊同「無爲」的思想嗎？(6 分)

十、你認爲人性是善的還是惡的？(6 分)

分數指標：優　秀	良　好	尚　可	仍須努力	還須加倍努力
41-50	31-40	21-30	11-20	0-10

單元八　宗教人生

滿分：50 分　　　　完成時間：30 分鐘

一、下列哪一項不在佛教四大名山之列？（5 分）

A 峨眉山
B 九華山
C 五台山
D 太行山
E 普陀山

____

二、據説王重陽隱居於哪一座道教名山？（5 分）

A 嵩山
B 天山
C 終南山
D 武當山
E 崑崙山

____

三、張繼在《楓橋夜泊》一詩中，提到哪一處佛教的聖地？（5 分）

A 少林寺
B 寒山寺
C 開元寺
D 白馬寺
E 靈應寺

____

四、佛教寺廟的牌匾一般寫有「大雄寶殿」四個大字，「大雄」是指__________。（5 分）

五、道教的始祖是＿＿＿＿＿＿＿＿。(5 分)

六、「太極拳」揉合了以柔克剛的道理，據説是由＿＿＿＿＿＿所創立的。(5 分)

七、你認爲道教的思想可以幫助我們解決人生問題嗎？爲甚麼？(10 分)

八、有人認爲佛家思想消極避世，你有甚麼看法呢？(10 分)

分數指標：優　秀	良　好	尚　可	仍須努力	還須加倍努力
41-50	31-40	21-30	11-20	0-10

參考答案

單元一　藝術欣賞

一、D
二、C
三、A
四、天下第一行書
五、紙、筆、墨、硯
六、借景
七、自由作答，言之成理即可。
八、全幅畫只有一葉小舟，一個專心垂釣的漁夫，四周環境冷清，營造出「詩中有畫」、「畫中有詩」的意境。
九、在欣賞音樂的時候，除了要注意旋律和曲調外，也要留意感受音樂所抒發的情感。
十、自由作答，言之成理即可。

單元二　人文教化

一、D
二、D → A → B → C
三、京師大學堂
四、上品：上上、上中、上下
　　中品：中上、中中、中下
　　下品：下上、下中、下下
五、1.因材施教
　　2.有教無類
六、1.蔡元培
　　2.提出「思想自由，兼容並包」的辦學方針。
七、勤學好問 / 不恥下問
八、自由作答，言之成理即可。

單元三　語言文字

一、D

二、

德律風 •	• 民主
麥克風 •	• 科學
德先生 •	• 電話
賽因斯 •	• 擴音器

三、1.甲骨文　2.金石文　3.篆書　4.隸書　5.楷書

四、胡適

五、漢字不可能是倉頡一手創造的。文字是在社會交往中由千千萬萬人創造的，個人只能在文字出現之後，加以收集、歸納和整理。

六、優點：1.筆畫較少，書寫方便快捷。
2.中國內地、新加坡等十多億人使用。
缺點：1.筆畫簡化了，造成識別困難。
2.簡化後，若干漢字消失了。

七、繼承中華文化遺產，認識及反思古代文明和傳統文化。

八、1.掌握自己國家的「國語」。
2.掌握民族共同語，有利彼此溝通。
3.多一種語言能力，有利升學、就業。
4.培養語感，提升語文水平。

單元四　修辭語彙

一、B

二、

燉冬菇 •	• 聯語
黃鼠狼給雞拜年 •	• 歇後語
天增歲月人增壽，春滿乾坤福滿堂 •	• 雙關語
東邊日出西邊雨，道是無晴（情）還有晴（情）•	• 俗語

三、

東	木	射	尾	大	不	掉
手	施	鸛	雨	曉	明	刻
日	海	效	諾	芳	臥	舟
倩	情	霹	顰	若	薪	求
同	仇	敵	愾	甫	嚐	劍
台	風	飛	天	李	膽	練
畫	龍	點	睛	白	偏	編

四、青蛙

五、1.寓言

2.歷史故事

六、1.意指人急於求成，忽略基礎功夫。

2.人出了名，便容易招惹是非，就像豬肥壯了便會給人屠宰一樣。

3.牛死了，頸部便側向一邊不動。指那些不知變通，性格固執的人。

七、優點：使文章更有內涵，增添可讀性。

缺點：造成晦澀難懂。

八、自由作答，言之成理即可。

單元五　治亂興衰

一、C

二、B

三、夏／秦／宋

四、廟號：漢高祖／唐高祖

諡號：周幽王／漢武帝

年號：貞觀／建隆

五、

河	南	青	火	土	巾	英	江
國	轡	朗	相	手	王	姿	蘇
三	浙	江	八	當	小	雄	七
流	行	白	李	石	安	湖	志
風	地	光	福	杜	黃	昌	得
古	上	前	建	中	路	廿	人
千	大	明	十	廣	東	九	長
東	江	月	河	川	息	境	江

六、借古鑑今
七、互相尊重，無分你我。
八、因公忘私
九、自由作答，言之成理即可。
十、自由作答，言之成理即可。

單元六　歷史人物

一、A
二、D
三、C
四、漢武帝
五、諸葛亮
六、魏徵
七、關羽
八、先憂後樂，為國為民。
九、自由作答，言之成理即可。
十、自由作答，言之成理即可。

單元七　學術思想

一、D
二、C
三、D
四、陸九淵／朱熹
五、儒家／論語
六、

尚	賢	床	前	尚	同	明	月
倩	是	何	物	人	生	何	時
分	節	用	日	子	一	明	鬼
天	生	我	節	葬	才	必	有
天	志	神	仙	誰	非	樂	又
空	有	美	國	破	山	河	在
門	里	家	非	命	思	念	明
非	攻	的	想	像	兼	愛	鏡

七、孔子
八、自由作答，言之成理即可。
九、自由作答，言之成理即可。
十、自由作答，言之成理即可。

單元八　宗教人生

一、D
二、C
三、B
四、釋迦牟尼
五、太上老君
六、張三丰
七、自由作答，言之成理即可。
八、自由作答，言之成理即可。